DIE EINMACHEREI

GERICHTE EINMACHEN

Immer gut essen

Soßen, Suppen, Ragout und mehr

EMF
EIN BUCH DER
EDITION MICHAEL FISCHER

INHALT

Grundlagen

Rezepte

VORWORT

*„Ich habe **Hunger** und überhaupt **keine Zeit** zum Kochen!“*

Diesen Satz kennen wir alle. Die Zeit ist knapp – an inspirative Markteinkäufe ist gar nicht zu denken. Heutzutage bedarf es für die persönliche Speisekarte im Alltag, im Büro, abends nach der Arbeit, am Wochenende, für Freunde, für Spontanbesuche, fürs erste Date, bei Krankheit, bei schlechtem Wetter, nach dem Sport – um nur einige zu nennen – einer guten Planung.

Und das funktioniert auf eine ganz wunderbare Art und Weise mit unseren fein abgestimmten Gerichten aus dem Glas. Einmal kochen, für viele Gelegenheiten präpariert sein und im Handumdrehen leckeres Essen auf den Tisch zaubern – das ist doch herrlich. Eine traditionelle und altbewährte Verfahrenstechnik der Küche, „DAS EINMACHEN“, wird in die Moderne adaptiert. Heute geht es nicht mehr um Vorräte, weil es im Winter kein frisches Gemüse und Obst gibt, – nein, heute gilt es den Alltag so stressfrei als möglich und vor allem sehr gesund zu gestalten.

Gesundes Essen ist heute wichtiger denn je. Man könnte sagen, gesundes Essen ist die Medizin der Zukunft, denn wir sollten keine Lebensmittel zu uns nehmen, deren Inhalt wir nicht kennen oder deren Zutaten wir schon beim Lesen gar nicht verstehen. Mit den Gerichten in diesem Buch sind Sie garantiert auf der sicheren Seite.

Ich wünsche Ihnen einen stressfreien Alltag und viel Spaß beim gesunden Genuss.

Ihre *Monika Schuster*

Gutes aus dem Glas
DIE EINMACHEREI
Lammsauce

GUT ZU WISSEN

Tradition trifft auf Moderne

Das Einmachen oder Einwecken blickt auf eine lange Tradition zurück. Früher wurden im Sommer die reifen Früchte und verschiedenen Gemüsesorten für den Winter konserviert. Heute spart diese neue Art des Kochens und Konservierens jede Menge Zeit im Alltag. Anders als beim Einmachen von Essiggurken – da werden beispielsweise rohe Gurken im Essigsud mit Gewürzen im verschlossenen Glas gegart und somit haltbar gemacht – werden bei unserer Art des Einmachens fertig gekochte Gerichte konserviert. Gerade Soßen, Schmorgerichte, Suppen und Eintöpfe schmecken, in größeren Mengen gekocht, einfach besser und intensiver.

Was sollte ich beim Kochen beachten?

Schmorgerichte, Eintöpfe und Suppen sollten Sie kräftig mit Salz und Gewürzen abschmecken, denn beim Einkochen geht Geschmack verloren. Wer weniger einkochen möchte, kann die Rezeptmengen einfach halbieren.

Kann ich alles einkochen?

Gerade grüne Gemüsesorten eignen sich nicht besonders, da sie nach dem Einkochen sehr schnell sauer werden. Außerdem verlieren sie durch die Wärmebehandlung ihre schöne appetitliche Farbe. Kräuter oder gegartes Gemüse lieber frisch dazugeben.

Sauberkeit

Oberste Priorität beim Einkochen hat die Sauberkeit. Nur wenn Hände, Gerätschaften, Gläser, Deckel und sonstiges Zubehör steril sauber sind, funktioniert das Einmachen, siehe dazu S. 9.

Welche Gläser und Deckel eignen sich für diese Methode?

Ich verwende am liebsten Gläser mit Schraubverschlüssen – sogenannte Twist-off-Deckel. Der Vorteil: Man kann sie problemlos öffnen und wiederverschließen. Sie sind daher auch ideal für den Transport geeignet.

Kann man Gläser und Deckel mehrmals verwenden?

Gläser kann man problemlos mehrmals nutzen. Sie sollten nach dem Spülen komplett frei von jeglichen Fremdgerüchen sein. Deckel sollten allerdings nicht zu häufig wiederverwendet werden. Der Rand sollte glatt und unversehrt sein und keine Dellen aufweisen.

Ist die Glasgröße entscheidend?

Grundsätzlich kann man jede Glasgröße zum Einfüllen verwenden. Damit in den Gläsern das wichtige Vakuum entstehen kann, sollte man die Gläser immer so einfüllen, dass ein 1–2 cm breiter Rand frei bleibt.

Wie muss ich die Gläser nach dem Einkochen aufbewahren?

Nach dem Einkochen sollte man die Gläser bei Zimmertemperatur vollständig auskühlen lassen und erst dann im Kühlschrank bei einer Temperatur von 4–6 °C aufbewahren.

Wie lange hält sich das Glas im Kühlschrank?

Die Mindesthaltbarkeit der sogenannten Halbkonserve (Präserve) beträgt gekühlt drei Monate.

Kann der Inhalt verderben?

Es kommt selten vor, aber die Gerichte in den Gläsern können verderben. Unachtsamkeit, Bakterien und Sauerstoff sind die größten Gegner. Verdorbene Gerichte nicht mehr verzehren!

Welche Gründe kann es dafür geben?

1 Beim Einfüllen wurde gekleckert – die Glasränder müssen sauber sein.
2 Deckel schließen nicht luftdicht ab – Materialfehler.
3 Glas bzw. Glasrand sind beschädigt – Materialfehler.
4 Glas ist umgefallen, Deckel wurde beschädigt – auch so kann Sauerstoff ins Glas dringen.
5 Gläser wurden nicht richtig gelagert – sie sollen im Kühlschrank bei einer Temperatur von 4–6 °C aufbewahrt werden.
6 Mindesthaltbarkeit wurde überschritten.

Wie erkenne ich verdorbene Ware?

1 Der Deckel wölbt sich z. B. durch Gasbildung nach oben (Bombage).
2 Deckel lässt sich sehr leicht öffnen.
3 Der Inhalt riecht sauer.
4 Beim Aufkochen des Inhalts bilden sich Bläschen mit unangenehmer Geruchsbildung.

Wie bereite ich den Inhalt zu?

Den Inhalt des Glases in einen Topf geben, bei mittlerer Hitze aufkochen lassen, 5 Minuten köcheln lassen und dabei immer wieder umrühren.

EINKOCHEN

So funktioniert's

Sobald das Essen fertig zubereitet ist, sollten beim Einkochen folgende Schritte beachtet werden:

1. Die Hände gründlich waschen und Einweghandschuhe anziehen.
2. Den Backofen auf 86–90 °C (Ober-/Unterhitze) vorheizen.
3. Sauber gespülte Gläser und Deckel für einige Minuten in kochend heißes Wasser legen und auskochen/sterilisieren.
   Tipp: Geben Sie bei kalkhaltigem Wasser einen Schuss Essigessenz ins Wasser. Tauchen Sie Zange und Einfüllhilfe (aus dem Haushaltswarengeschäft) kurz ins Essigwasser.
4. Das Glas mithilfe der Zange herausheben, evtl. Wasserreste ausgießen und die Einfüllhilfe aufs Glas setzen.
5. Das kochend heiße Essen mit einem Schöpfer ins Glas gießen. Damit in den Gläsern das wichtige Vakuum entstehen kann, sollte man die Gläser so einfüllen, dass ein 1–2 cm breiter Rand frei bleibt.
6. Den Deckel mit der Zange aus dem Wasser heben und das Glas damit fest verschließen.
7. Das Glas zur Vakuumbildung vorsichtig und langsam umdrehen und etwa 5 Minuten auf den Kopf stellen.
8. Die Gläser wieder umdrehen, den Deckel evtl. nochmals nachziehen.
9. Die Gläser nebeneinander auf das Ofenblech oder Ofengitter stellen und im vorgeheizten Backofen etwa 45 Minuten einkochen.
10. Die Gläser (Vorsicht heiß!) aus dem Backofen heben und vollständig auskühlen lassen. Erst jetzt zum Aufbewahren in den Kühlschrank stellen.

REZEPTE

GEMÜSEBRÜHE

Für 4 Liter Brühe/ 6 Gläser à 720 ml

200 g Karotten
200 g Petersilienwurzeln
150 g Knollensellerie
150 g Lauch
150 g Blumenkohl
200 g Tomaten
200 g Zwiebeln mit Schale
10 g getrocknete Shiitake-Pilze oder Champignons
2 EL Salz
3 Knoblauchzehen mit Schale
3 Lorbeerblätter
1 EL getrocknete Wacholderbeeren
1 EL schwarze Pfefferkörner
2 getrocknete kleine Chilischoten
1 Bund frische glatte Petersilie, gewaschen

AUSSERDEM

Passiertuch (auch als Einwegtücher im Handel erhältlich)

ZUBEREITUNG

1 Das Gemüse gründlich waschen und putzen. Karotten, Petersilienwurzeln und Sellerie schälen und in 2 cm große Würfel schneiden.

2 Den Lauch der Länge nach halbieren und in dünne Ringe schneiden. Den Blumenkohl in dünne Scheiben schneiden. Die Tomaten grob zerkleinern. Die Zwiebeln halbieren, die Pilze in grobe Stücke teilen.

3 5 l kaltes Wasser in einen großen Topf geben, das klein geschnittene Gemüse dazugeben, salzen und aufkochen lassen.

4 Die Brühe etwa 2 Stunden offen bei niedriger Temperatur köcheln lassen. Die Knoblauchzehen halbieren und nach 1 Stunde zusammen mit den Gewürzen und der Petersilie zur Brühe geben.

5 Ein breites Sieb mit dem Passiertuch auslegen, die Gemüsebrühe abpassieren und das ausgekochte Gemüse entfernen. Die kochend heiße Brühe in die vorbereiteten Gläser füllen, einkochen (siehe S. 9) und je nach Rezeptur weiterverwenden.

GUT ZU WISSEN

Nur mit einer guten Basis schmecken Suppen, Eintöpfe und Soßen richtig gut. Die Zwiebelschalen geben der Brühe ihre appetitliche Farbe. Übrigens: Der Begriff „Fond" ist nur die französische Übersetzung von Brühe – also bitte nicht verwirren lassen!

GEFLÜGELBRÜHE

**Für 4 Liter Brühe/
6 Gläser à 720 ml**

1 Bio-Suppenhuhn (ca. 1,2 kg)
800 g Bio-Hühnerflügel
200 g Karotten
150 g Knollensellerie
200 g Zwiebeln mit Schale
2 EL Salz
3 Lorbeerblätter
1 EL getrocknete Wacholderbeeren
1 EL Pimentkörner
1 EL schwarze Pfefferkörner
150 g Lauch, halbiert und gewaschen
1 Bund frische glatte Petersilie, gewaschen
einige Zweige frischer Liebstöckel, gewaschen

AUSSERDEM

Passiertuch (auch als Einwegtücher im Handel erhältlich)

ZUBEREITUNG

1 Das Suppenhuhn von innen und außen mit kaltem Wasser abbrausen und mit einem Küchenpapier gut trocken tupfen. Das Huhn in sechs gleich große Stücke teilen.

2 5 l kaltes Wasser in einen großen Topf geben, die Geflügelteile und Flügel einlegen, aufkochen und einige Minuten sprudelnd kochen lassen.

3 Anschließend den auftretenden Schaum (Trübstoffe) mit einer Schaumkelle abschöpfen – so bleibt die Suppe klar. Die Brühe etwa 30 Minuten kochen lassen.

4 Karotten und Sellerie waschen, schälen und in grobe Stücke schneiden. Die Zwiebeln halbieren. Das klein geschnittene Gemüse, die Zwiebeln, das Salz und die Gewürze in den Topf geben.

5 Die Brühe ca. 1 ½ Stunden offen bei niedriger Temperatur köcheln lassen. Dabei nach 1 Stunde Lauch, Petersilie und Liebstöckel dazugeben.

6 Ein breites Sieb mit dem Passiertuch auslegen, die Geflügelbrühe vorsichtig mit einem Schöpfer abpassieren und das ausgekochte Gemüse entfernen (das Fleisch weiterverwenden, siehe Tipps).

7 Die kochend heiße Brühe in die vorbereiteten Gläser füllen, einkochen (siehe S. 9) und je nach Rezeptur weiterverwenden.

GUT ZU WISSEN

Eine kräftige Hühnerbrühe, ich nenne sie auch gerne Schmuddelwettersuppe, ist die beste Geheimwaffe gegen Erkältungen.

TIPPS

Geflügelbrühe eignet sich sehr gut für die Zubereitung von Risotto.

Als Einlage passen feine Suppennudeln, klein geschnittenes Suppengemüse und frischer Schnittlauch.

Die ausgekochten Hühnchenteile von Fett und Knochen befreien, die Fleischteile in Stücke zupfen, in einer Pfanne mit Olivenöl knusprig braten und z. B. mit Sweet-Chili-Soße und Duftreis genießen.

RINDERBRÜHE

Für 2 Liter Brühe/
5 Gläser à 435 ml

1,2 kg Ochsenbrust
200 g Zwiebeln mit Schale
Salz
schwarzer Pfeffer aus der Mühle
2 EL Pflanzenöl
3 Markknochen
150 g Karotten
150 g Knollensellerie
100 g Petersilienwurzel
60 g Lauch
100 g Tomaten
4–5 abgezupfte Petersilienstängel, gewaschen
2 frische oder getrocknete Lorbeerblätter
½ TL getrocknete Wacholderbeeren
1 TL schwarze Pfefferkörner
½ TL Pimentkörner
1 Knoblauchzehe, geschält und halbiert
Muskatnuss, frisch gerieben

AUSSERDEM

Passiertuch (auch als Einwegtücher im Handel erhältlich)

ZUBEREITUNG

1 Das Fleisch mit kaltem Wasser abbrausen und trocken tupfen. Die Zwiebeln samt Schale halbieren. Das Fleisch ringsherum mit Salz und Pfeffer würzen. Das Pflanzenöl in einer Pfanne erhitzen, das Fleisch hineinlegen, die Zwiebeln mit der Schnittfläche in die Pfanne legen. Das Fleisch etwa 2 Minuten braten, wenden und ringsherum 1 Minute weiterbraten. Die goldbraun gebratenen Zwiebeln aus der Pfanne heben. Das Fleisch mit den Markknochen in einen schmalen hohen Topf geben, mit 4 l heißem Wasser begießen, aufkochen lassen und etwa 5 Minuten sprudelnd kochen lassen. Dabei den auftretenden Schaum immer wieder abschöpfen. Danach bei niedriger Temperatur etwa 1 ½ Stunden offen köcheln lassen.

2 Das Gemüse waschen und putzen oder schälen und längs halbieren. Zusammen mit der Petersilie, den Gewürzen, den angerösteten Zwiebeln und dem Knoblauch in den Topf geben und weitere 2–2 ½ Stunden köcheln lassen. Zum Prüfen des Fleisches mit einer Fleischgabel hineinstechen. Ist das Fleisch weich und die Gabel löst sich problemlos wieder aus dem Fleisch, ist es fertig. Je nach Art und Qualität des Fleisches verändert sich die Garzeit, daher immer wieder mal mit der Fleischgabel den Garpunkt des Fleisches prüfen.

3 Das Fleisch aus der Suppe schöpfen und je nach Belieben weiterverarbeiten (siehe Tipps). Die Brühe durch ein mit einem feuchten Passiertuch ausgelegtes feines Sieb gießen. Gemüse, Gewürze und Markknochen evtl. weiterverwenden (siehe Tipps). Die Fleischbrühe mit Salz, Pfeffer und Muskatnuss abschmecken.

4 Die kochend heiße Brühe in die vorbereiteten Gläser füllen (siehe S. 9), einkochen und je nach Rezeptur weiterverwenden.

TIPPS

Die Ochsenbrust gleich frisch gekocht in Scheiben schneiden und z. B. mit geriebenem Meerrettich und Kartoffeln ganz natur in etwas Brühe genießen.

Ausgekochte Karotten, Sellerie und Petersilienwurzeln kann man in kleine Stücke schneiden und mit der Brühe als Einlage z. B. mit gebackenen Pfannkuchen oder Grießknödeln (siehe S. 18/19) genießen.

Nach dem Kochen vorhandenes Mark aus den Knochen lösen und z. B. auf geröstetes Bauernbrot streichen, leicht salzen und pfeffern.

PFANNKUCHENTEIG

Für 2 große Pfannkuchen (Ø 28 cm)

3 EL Weizenmehl (60 g, Type 405)
100 ml Milch
2 Eier (M)
Salz
Muskatnuss, frisch gerieben
½ Bund frischer Schnittlauch
2 EL Pflanzenöl zum Braten
2 Prisen getrockneter Liebstöckel

ZUBEREITUNG

1 Das Mehl in eine Schüssel geben und unter Rühren die Milch nach und nach dazugießen. Dann die Eier unterrühren, bis ein glatter, flüssiger Teig entsteht. Mit Salz und Muskatnuss abschmecken und 10 Minuten quellen lassen.

2 Den Schnittlauch waschen, trocken schütteln und in feine Röllchen schneiden.

3 Etwas Öl in einer großen Pfanne (Ø 28 cm) erhitzen, die Hälfte des Teigs einlaufen lassen und kurz anbacken. Etwas Schnittlauch und 1 Prise Liebstöckel aufstreuen und von beiden Seiten insgesamt 2 Minuten goldbraun braten; den Pfannkuchen herausheben und auf Küchenpapier abtropfen lassen.

4 Den zweiten Pfannkuchen ebenfalls ausbacken und abkühlen lassen.

5 Die Pfannkuchen in feine mundgerechte Streifen schneiden und z. B. mit heißer Rinderbrühe (siehe S. 17) servieren.

TIPP

Wer gleich mehr auf Vorrat macht, kann die geschnittenen Pfannkuchen problemlos einfrieren. Zum Servieren einfach in der heißen Suppe erwärmen oder im Backofen bei 90 °C warmstellen.

GEBACKENE GRIESSKNÖDEL

Für 18 Stück

100 ml Milch
1 EL Butter
Salz
Muskatnuss, frisch gerieben
50 g Hartweizengrieß
2 Eier (M)
1 TL Butter zum Fetten der Form

AUSSERDEM
Handrührgerät
Keramikbackform mit 18 kleinen Mulden oder 12er-Mini-Muffinblech

ZUBEREITUNG

1 Milch und Butter in einem kleinen Stieltopf aufkochen lassen, mit Salz und Muskatnuss würzen. Den Grieß einrühren und 2 Minuten aufkochen. Dann in eine Schüssel umfüllen, etwas auskühlen lassen und mithilfe des Handrührgeräts die Eier nach und nach unterrühren. Nochmals mit Salz und Muskatnuss abschmecken.

2 Den Backofen auf 180 °C (Umluft empfohlen, 200 °C Ober-/Unterhitze) vorheizen. Die Butter in einer kleinen Pfanne erwärmen, die Mulden der ofenfesten Form mit einem Pinsel gut ausfetten. Die Grießmasse mit einem Teelöffel in die Mulden verteilen. Die Form auf das Ofengitter in den Backofen (Mitte) stellen und die Knödel 20–25 Minuten goldbraun backen. Etwas auskühlen lassen und aus der Form stürzen.

TIPP

Die Suppeneinlage kann man sehr gut auf Vorrat zubereiten. Die ausgekühlten Grießknödel auf einem Tablett ausbreiten und anfrieren. Sobald die einzelnen Knödel fest sind, in Gefrierbeutel oder Boxen geben und wieder einfrieren. Zum Auftauen gefroren in kochend heißer Rinderbrühe 5–10 Minuten ziehen lassen und servieren.

TIPP

Für einen aromatischen klaren Fischeintopf einfach unterschiedliche Fischstücke, Garnelen oder Muscheln in der heißen Fischbrühe ziehen lassen. Auf keinen Fall kochen lassen, sonst tritt Eiweiß aus und die Fischstücke werden trocken und zäh.

FISCHFOND
MIT SAFRAN

Für 3 Liter Brühe/ 5 Gläser à 720 ml

1,5 kg Fischkarkassen (beim Fischhändler vorbestellen)
80 g Garnelenschalen, nach Belieben
120 g Fenchel
50 g Karotten
120 g Knollensellerie oder Stangensellerie
120 g Zwiebeln
2 Knoblauchzehen
2 EL Olivenöl
30 g Tomatenmark
500 ml Weißwein
1 TL Salz
3 Lorbeerblätter
1 EL Wacholderbeeren
1 EL Pimentkörner
1 EL schwarze Pfefferkörner
1 EL ganze Kümmelsamen
1 Prise getrocknete Chiliflocken
einige Safranfäden

AUSSERDEM

Passiertuch (auch als Einwegtücher im Handel erhältlich)

ZUBEREITUNG

1 Die Fischkarkassen mit einer Schere in grobe Stücke zerteilen. Die Kiemen herausschneiden und wegwerfen. Die vorbereiteten Karkassen und Garnelenschalen in eine Schüssel geben und unter langsam fließendem kaltem Wasser 20–30 Minuten wässern. Die Karkassen in einem Sieb gut abtropfen lassen.

2 Inzwischen das Gemüse waschen, putzen, gegebenenfalls schälen und in 1 cm große Würfel schneiden. Die Zwiebeln schälen und ebenfalls klein schneiden. Den Knoblauch in der Schale andrücken.

3 Das Olivenöl in einem breiten Topf erhitzen, die Fischkarkassen darin 3 Minuten dünsten. Zwiebeln, Knoblauch und Gemüse dazugeben und kurz durchrühren. Das Tomatenmark einrühren und 2 Minuten rösten. Mit einem Schuss Weißwein ablöschen, einkochen lassen, den restlichen Wein und 3 l Wasser dazugießen und aufkochen lassen. Einige Minuten sprudelnd kochen lassen, dabei den auftretenden Schaum (Trübstoffe) mit einer Schaumkelle abschöpfen. Salz und Gewürze – bis auf die Safranfäden – dazugeben und bei niedriger Temperatur etwa 20 Minuten köcheln lassen.

4 Den Herd ausschalten und den Fond 20–30 Minuten ziehen lassen.

5 Ein breites Sieb mit dem Passiertuch auslegen, den Fischfond mit einem Schöpfer abpassieren, Gemüse und Fischreste entfernen.

6 Den Safran in den kochend heißen Fond geben und kurz ziehen lassen. Den Fond in die vorbereiteten Gläser füllen (siehe S. 9), einkochen und je nach Rezeptur weiterverwenden.

GUT ZU WISSEN

Fischkarkassen sind Gräten, Flossen und Köpfe von filetierten Fischen. Am besten eignen sich die Reste von weißfleischigen Fischen, wie z. B. Seeteufel, Steinbutt, Dorade oder Wolfsbarsch.

KOHLRABISUPPE
MIT LACHS-SATÉ

**Für 2 Liter Suppe/
5 Gläser à 435 ml**

100 g Zwiebeln
1 kg Kohlrabi mit Grün
20 g Butter
5 g getrocknete Steinpilze
oder Champignons
½ TL brauner Zucker
1,2 l Wasser oder Gemüsebrühe
Salz
200 g Sahne
1 g Johannisbrotkernmehl
(aus dem Reformhaus)
Muskatnuss, frisch gerieben
Cayennepfeffer
schwarzer Pfeffer aus der Mühle

AUSSERDEM
Pürierstab

ZUBEREITUNG

1 Die Zwiebeln schälen und in feine Würfel schneiden. Den Kohlrabi waschen und die Blätter abschneiden und beiseitelegen. Den Kohlrabi schälen, dabei evtl. holzige Stellen entfernen. Die Knollen in kleine Würfel schneiden.

2 Die Butter in einem Topf erhitzen, die Zwiebeln darin 3 Minuten glasig dünsten, die Kohlrabistücke dazugeben und kurz durchrühren. Die Pilze und den Zucker einstreuen und mit Wasser oder Gemüsebrühe aufgießen. Die Suppe aufkochen und abgedeckt bei mittlerer Hitze etwa 30 Minuten kochen lassen.

3 Inzwischen die zarten grünen Kohlrabiblätter (abgezupft und ohne Stiel etwa 40 g) in ca. 300 ml kochendes Salzwasser geben. Etwa 5 Minuten darin weich garen, in einem Sieb abgießen und mit kaltem Wasser abschrecken. Die Kohlrabiblätter mit den Händen kräftig ausdrücken und auf dem Küchenbrett fein hacken.

4 Sobald die Kohlrabiwürfel weich sind, mit dem Pürierstab fein mixen, die Sahne dazugeben und aufkochen lassen. Das Johannisbroternmehl einstreuen und alles kräftig durchmixen. Die Suppe mit Salz, Muskatnuss, Cayennepfeffer und Pfeffer kräftig abschmecken.

5 Ganz zum Schluss die gehackten Kohlrabiblätter zur Suppe geben, mixen und alles nochmals für einige Minuten durchkochen lassen.

6 Die kochende Suppe in die vorbereiteten Gläser füllen (siehe S. 9) und einkochen. Zum Servieren die Suppe erhitzen und z. B. mit Lachsspießen und Nori-Flocken servieren.

LACHS-SATÉ MIT NORI-FLOCKEN
Für 4 Spieße 80 g sehr frischen Lachs (Sushi-Qualität) oder gebeizten Lachs in dünne Scheiben schneiden, auf Holzspieße auffädeln und in einige Nori-Flocken (Meeresalgen aus dem Reformhaus) tauchen.

TIPP

Die Kohlrabisuppe kann man auch als Gemüsesoße zu gebratenen Lachs- oder Kalbssteaks mit Butterkartoffeln umfunktionieren. So zaubern Sie im Handumdrehen ein Hauptgericht auf dem Tisch.

SPARGELSUPPE
MIT PARMESAN-PUMPERNICKEL

Für 2,4 Liter Suppe/ 6 Gläser à 435 ml

1 kg frischer weißer Spargel
2 EL Salz
2 EL Zucker
2 Stück Bio-Zitronenschale (à ca. 6 cm lang)
2 Stück Bio-Orangenschale (à ca. 6 cm lang)
100 g Butter
100 g Weizenmehl (Type 405)
500 g Sahne
Cayennepfeffer
Muskatnuss, frisch gerieben

ZUM ANRICHTEN

Schnittlauch, frisch geschnitten

AUSSERDEM

Pürierstab

ZUBEREITUNG

1 Den Spargel schälen, evtl. holzige Enden abschneiden. Spargelspitzen für die Einlage abschneiden, in kleine mundgerechte Stücke schneiden und beiseitestellen. Die Spargelstangen in kleine Stücke schneiden.

2 2 l Wasser mit den Spargelschalen, Salz, Zucker, Zitronen- und Orangenschale aufkochen lassen und 20 Minuten bei niedriger Hitze mit angelegtem Deckel ziehen lassen.

3 Inzwischen die Butter in einem Topf schmelzen, die Spargelstücke dazugeben und kurz andünsten. Das Mehl einrühren und den Topf vom Herd nehmen.

4 Den Sud über einem Sieb abpassieren. Die Mehlschwitze wieder auf den Herd stellen und den Spargelsud unter ständigem Rühren dazugießen. Die Suppe aufkochen und bei mittlerer Hitze offen ca. 25 Minuten köcheln lassen. Dabei immer wieder umrühren. Mit dem Pürierstab fein pürieren. Die Spargelspitzen dazugeben, die Sahne einrühren und 6–7 Minuten sämig einkochen lassen. Mit Salz, Cayennepfeffer und Muskatnuss abschmecken.

5 Die kochend heiße Spargelsuppe mit der Einlage in die vorbereiteten Gläser füllen (siehe S. 9), einkochen und je nach Rezeptur weiterverwenden. Zum Anrichten mit Schnittlauch bestreuen und servieren.

PARMESAN-PUMPERNICKEL-KNUSPERKEKSE

Für 12 Stück je ½ Scheibe (20 g) fein geriebenes Pumpernickel und Toastbrot mit 50 g geriebenem Parmesan in einer Schüssel mischen. Den Backofen auf 180 °C (Umluft) vorheizen. Ein Backblech mit Backpapier auslegen, sechs kleine Häufchen bzw. Kreise mit Abstand aufs Backblech geben, etwas flach drücken und im Ofen etwa 10 Minuten goldbraun und knusprig backen. Aus dem Ofen nehmen, etwas abkühlen lassen und vorsichtig vom Blech lösen. Die restlichen Knusperkekse ebenfalls backen und zur Spargelsuppe genießen.

GUT ZU WISSEN

Frischen Spargel erkennt man an festen, knackigen Spargelstangen, hellen geschlossenen Spitzen und feuchten Enden. Zum Aufbewahren den Spargel in ein feuchtes Küchentuch wickeln und kühl stellen.

HOME MADE
TO
GO

TOMATENSUPPE
MIT PFIRSICH UND BASILIKUM

**Für 2 Liter Suppe/
5 Gläser à 435 ml**

120 g Zwiebeln
500 g frische, reife Pfirsiche
1 Knoblauchzehe
2 EL Olivenöl
1 TL Tomatenmark
1 TL brauner Zucker
1 l Gemüsebrühe
1 kg passierte Tomaten
1 TL Fenchelsamen
2 Prisen getrockneter Basilikum
Salz
schwarzer Pfeffer aus der Mühle

AUSSERDEM

Pürierstab
Mörser

ZUBEREITUNG

1 Die Zwiebeln schälen und in feine Würfel schneiden. Die Pfirsiche waschen, halbieren, entkernen und klein schneiden. Den Knoblauch schälen und in feine Scheiben schneiden.

2 Das Olivenöl in einem Topf erhitzen und die Zwiebeln darin 3 Minuten glasig dünsten. Pfirsich und Knoblauch dazugeben, kurz durchrühren und Tomatenmark und braunen Zucker einrühren. 3 Minuten rösten, mit einem Schuss Gemüsebrühe ablöschen und einkochen lassen.

3 Die restliche Gemüsebrühe und die passierten Tomaten dazugießen, aufkochen lassen und bei mittlerer Hitze offen etwa 40 Minuten köcheln lassen. Dabei immer wieder umrühren.

4 Inzwischen die Fenchelsamen im Mörser fein reiben und nach 20 Minuten zusammen mit dem Basilikum zur Suppe geben.

5 Die Tomatensuppe mit dem Pürierstab fein mixen und mit Salz und Pfeffer kräftig abschmecken.

6 Die kochend heiße Tomatensuppe in die vorbereiteten Gläser füllen (siehe S. 9) und einkochen.

TIPPS

Mit Babymozzarella oder Büffelmozzarella servieren.

Zum Anrichten mit einigen Tropfen frischem Olivenöl beträufeln.

Als knusprige Einlage geröstete Weißbrotwürfel dazu servieren.

GELBE PAPRIKASUPPE
MIT THYMIAN

Für 1,8 Liter Suppe/ 6 Gläser à 355 ml

1 kg gelbe Paprikaschoten
100 g Zwiebeln
1 Knoblauchzehe
2 EL Olivenöl
1,2 l Gemüsebrühe
200 g Sahne
2 Prisen getrockneter Thymian
ca. 1 TL Johannisbrotkernmehl (aus dem Reformhaus)
Salz
schwarzer Pfeffer aus der Mühle
Cayennepfeffer

AUSSERDEM
Pürierstab

ZUBEREITUNG

1 Die Paprikaschoten waschen, halbieren und Kerne und Trennwände entfernen. Die Paprikaschoten in ca. 2 cm große Stücke schneiden. Zwiebeln und Knoblauch schälen und in feine Würfel schneiden.

2 Das Olivenöl in einem großen Topf erhitzen, Zwiebeln und Knoblauch darin ca. 3 Minuten dünsten, dann die Paprikastücke dazugeben und weitere 2 Minuten garen. Mit der Brühe ablöschen, alles aufkochen und bei geringer Hitze mit angelegtem Deckel etwa 25 Minuten köcheln lassen. Die Suppe anschließend mit dem Pürierstab fein mixen.

3 Sahne und Thymian nach 20 Minuten zur Suppe geben und weiterköcheln lassen.

4 Johannisbrotkernmehl zur Suppe geben, noch einmal mit dem Pürierstab fein mixen, mit Salz, Pfeffer und Cayennepfeffer kräftig abschmecken und weitere 3–4 Minuten einkochen lassen.

5 Die kochend heiße Paprikasuppe in die vorbereiteten Gläser füllen (siehe S. 9), einkochen oder gleich mit gebratenen Auberginenscheiben und Feta genießen.

GEBRATENE AUBERGINENSCHEIBEN

Für 1 Portion 40 g hauchdünne Auberginenscheiben in einer heißen Pfanne mit 1–2 EL Olivenöl, 1 Zweig Thymian und 1 kleiner Knoblauchzehe von beiden Seiten 4–5 Minuten goldbraun braten. Leicht salzen, aus der Pfanne heben und auf einem Küchenpapier abfetten lassen. 40 g Feta zerbröseln und mit den Auberginenscheiben und der heißen Paprikasuppe anrichten.

TIPP

Johannisbrotkernmehl ist eine tolle Alternative zum Binden von Soßen und Suppen. Es ist gerade für Allergiker mit Glutenunverträglichkeit bestens geeignet.

GOOD FOOD
COMPANY
0589
END DATE
MON
TUES
WED
THURS

KARTOFFELEINTOPF
MIT LIEBSTÖCKEL

**Für 5 Liter Eintopf/
8 Gläser à 720 ml**

1,5 kg mehlige Kartoffeln
150 g Karotten
200 g Knollensellerie
200 g Petersilienwurzeln
120 g Lauch
2 EL Olivenöl
Salz
3 l Gemüse-, Rinder- oder Hühnerbrühe
1 TL getrockneter Liebstöckel
schwarzer Pfeffer aus der Mühle
Muskatnuss, frisch gerieben
50 g kalte Butter, in kleine Würfel geschnitten

ZUM ANRICHTEN

Schnittlauch, frisch geschnitten

ZUBEREITUNG

1 Kartoffeln, Karotten, Sellerie und Petersilienwurzeln waschen, schälen und in ca. 1 cm große Würfel schneiden. Den Lauch ebenfalls waschen und fein schneiden.

2 Das Olivenöl in einem großen Topf erhitzen, den Lauch darin bei mittlerer Hitze 2 Minuten dünsten. Die Gemüsewürfel dazugeben, gleich mit 1 TL Salz würzen und durchrühren. Mit der Brühe aufgießen, aufkochen und bei mittlerer Hitze abgedeckt knapp 1 Stunde köcheln lassen.

3 Den Eintopf mit Liebstöckel, Pfeffer, Muskatnuss und Salz abschmecken und zum Schluss mit der kalten Butter verfeinern.

4 Den Kartoffeleintopf in die vorbereiteten Gläser füllen (siehe S. 9) und einkochen.

5 Zum Anrichten den Eintopf im Topf erhitzen und, mit Schnittlauch bestreut, servieren.

TIPPS

Etwas frisch geriebener Parmesan und einige Tropfen Olivenöl geben dem Eintopf noch einen zusätzlichen Aromen-Kick.

Wahlweise können Sie das Gericht auch mit frisch gehobelten Radieschen oder Meerrettich verfeinern.

Als Einlage eignen sich Wiener Würstel, knusprig gebratener Speck oder kross gebratener Zander.

Wer mag, kann den Eintopf auch zu einer feinen Suppe pürieren und mit frischer Sahne verfeinern.

ROTE WURZELSUPPE
MIT GEMÜSECHIPS

Für 2,4 Liter Suppe/ 6 Gläser à 435 ml

200 g Zwiebeln
200 g Petersilienwurzeln
200 g Pastinaken
2 EL Olivenöl
2 l Gemüsebrühe
600 g gekochte Rote Bete, vakuumverpackt (aus dem Bio-Markt)
400 g Sahne
1 TL Johannisbrotkernmehl (aus dem Reformhaus)
Salz
schwarzer Pfeffer aus der Mühle
Muskatnuss, frisch gerieben
gemahlener Kümmel

AUSSERDEM
Pürierstab

ZUBEREITUNG

1 Die Zwiebeln schälen und in feine Würfel schneiden. Petersilienwurzeln und Pastinaken waschen, schälen und in kleine Würfel schneiden.

2 Das Olivenöl in einem Topf erhitzen und die Zwiebelwürfel darin glasig dünsten. Petersilienwurzeln und Pastinaken dazugeben, kurz anbraten, leicht salzen und mit der Gemüsebrühe aufgießen. Alles aufkochen lassen und offen ca. 15 Minuten weich kochen.

3 Inzwischen die Rote Bete (am besten mit Einweghandschuhen – sie färben stark ab) klein schneiden.

4 Die Sahne und das Johannisbrotkernmehl zur Suppe geben, mit Salz, Pfeffer, Muskatnuss und Kümmel kräftig abschmecken und mit dem Pürierstab fein mixen.

5 Die Rote-Bete-Würfel dazugeben, aufkochen lassen, einige Minuten kochen lassen, mixen und nochmals abschmecken.

6 Die kochend heiße Suppe in die vorbereiteten Gläser füllen (siehe S. 9) und einkochen.

GEMÜSECHIPS

Für 2 Personen ca. 40–50 g Gemüse hauchdünn schneiden. Es eignen sich z. B. geschälte Rote Bete (besonders schön sind zweifarbige Sorten), Petersilienwurzeln, Pastinaken oder Karotten. Etwa 1 l Frittierfett in einem Topf auf ca. 160 °C erhitzen, einige Gemüsescheiben einlegen und von beiden Seiten ca. 1 Minute goldbraun backen. Mit einer Schaumkelle herausheben, auf einem Küchenpapier abfetten lassen und leicht salzen. Restliches Gemüse nach und nach knusprig backen und zur heißen Suppe servieren.

TIPPS

Einen Klecks Crème fraîche mit etwas Meerrettich aus dem Glas verrühren und mit Salz, Pfeffer und Zucker abschmecken.

Als Einlage eignen sich gebratene Jakobsmuscheln oder ein Stück klein gezupfte Räucherforelle.

KÜRBIS-KOKOS-SUPPE
MIT KARAMELLISIERTEN ÄPFELN

Für 3,2 Liter Suppe/ 8 Gläser à 435 ml

200 g Zwiebeln
1,5 kg Muskatkürbis, ohne Kerne
200 g Äpfel, z. B. Boskop
3 EL Olivenöl
2 EL brauner Zucker
800 ml Kokosmilch
1 l Gemüsebrühe
20 g frischer Ingwer
Salz
schwarzer Pfeffer aus der Mühle

AUSSERDEM
Pürierstab

ZUBEREITUNG

1 Die Zwiebeln schälen und in feine Würfel schneiden. Den Kürbis schälen und in kleine Stücke teilen. Die Äpfel waschen, vierteln, entkernen und mit der Schale in kleine Würfel schneiden.

2 Das Olivenöl in einem Topf erhitzen, die Zwiebelwürfel darin 3 Minuten glasig dünsten, die Äpfel dazugeben, mit dem Zucker bestreuen und 3 Minuten hell karamellisieren.

3 Die Kürbisstücke dazugeben, kurz durchrühren leicht salzen und mit einem Schuss Kokosmilch ablöschen. Alles einkochen lassen.

4 Mit der restlichen Kokosmilch und der Brühe aufgießen, aufkochen und offen bei mittlerer Hitze etwa 1 Stunde köcheln lassen.

5 Inzwischen den Ingwer in feine Würfel schneiden und nach etwa 30 Minuten zur Suppe geben. Die Kürbissuppe mit dem Pürierstab fein mixen und mit Salz und Pfeffer abschmecken.

6 Die kochend heiße Suppe in die vorbereiteten Gläser füllen (siehe S. 9) und einkochen.

TIPP

Mit gebratenen Riesengarnelen oder dünn geschnittenen und getoasteten Weißbrotscheiben servieren.

TIPPS

Die fertige Bratensoße eignet sich hervorragend für kurzgebratenes Rind, Kalb oder Schwein. Wer möchte, kann die Bratensoße zusätzlich noch mit einem Schuss Portwein, Cognac, Senf, Sahne oder Crème fraîche verfeinern.

Für einen klaren Bratenfond einfach die Flüssigkeit durch ein Sieb passieren, Knochen und Gemüse wegwerfen.

BRAUNE GRUNDSOSSE

**Für 1,5 Liter/
8 Gläser à 225 ml**

2 kg fleischige, gemischte Kalbs- und Schweineknochen (vom Metzger schon in kleine Stücke schneiden bzw. hacken lassen)
350 g Zwiebeln
200 g Knollensellerie
150 g Karotten
2 EL Olivenöl
80 g Tomatenmark
3 EL brauner Zucker
750 ml kräftiger Rotwein, z. B. Cabernet Sauvignon
Salz
4–5 Zweige frischer Thymian, gewaschen
1 Zweig frischer Salbei, gewaschen
2 Lorbeerblätter
schwarzer Pfeffer aus der Mühle

AUSSERDEM

Backpapier
Pürierstab

ZUBEREITUNG

1 Den Backofen auf 200 °C (Ober-/Unterhitze) vorheizen.

2 Die Knochen auf einem mit Backpapier ausgelegten Backblech verteilen und im Backofen 30 Minuten goldbraun rösten, dabei die Knochen mehrmals wenden bzw. vom Blech lösen.

3 Die Zwiebeln schälen und in 1 cm große Würfel schneiden. Den Knollensellerie und die Karotten schälen und grob würfeln.

4 Das Olivenöl in einem Topf erhitzen. Die Zwiebelwürfel darin bei mittlerer Hitze ca. 3 Minuten rösten, Karotten und Sellerie dazugeben und 5 Minuten mitrösten. Die Knochen aus dem Ofen nehmen und zum Gemüse geben. Das Tomatenmark einrühren und weitere 5 Minuten unter ständigem Rühren rösten. Den braunen Zucker einstreuen und gut durchrühren.

5 Alles mit einem Schuss Rotwein ablöschen. Die Flüssigkeit vollständig einkochen lassen, noch einmal ablöschen und wieder einkochen lassen. Den restlichen Rotwein und 4 l Wasser dazugießen, alles kräftig salzen und aufkochen. Evtl. auftretenden Schaum mit einer Schaumkelle abschöpfen. Die Soße mit angelegtem Kochdeckel bei schwacher Hitze ca. 2,5 Stunden köcheln lassen.

6 Nach 2 Stunden Thymian, Salbei und Lorbeerblätter einlegen und weiterkochen lassen. Den Topf abdecken und offen weitere 15 Minuten köcheln lassen.

7 Für eine gebundene Soße die Knochen und Kräuter herausheben und wegwerfen. Die Soße nun mit dem Pürierstab fein mixen, evtl. mit einem kleinen Schöpfer abfetten. Die Soße offen 15–20 Minuten sämig einkochen lassen. Mit Salz und Pfeffer abschmecken.

8 Die kochend heiße Soße in die vorbereiteten Gläser füllen (siehe S. 9) und einkochen.

GUT ZU WISSEN

Durch das Rösten im Ofen bekommen die Knochen die gewünschte goldbraune Farbe und vor allem einen guten Geschmack. Für eine noch feinere Soße kann man auch nur Kalbsknochen verwenden.

TOMATENSOSSE
MIT CHILI, KNOBLAUCH UND OREGANO

**Für 2,4 Liter/
8 Gläser à 355 ml**

200 g Zwiebeln
3 Knoblauchzehen
5 EL Olivenöl
80 g Tomatenmark
1 EL brauner Zucker
800 g gehackte Tomaten,
aus der Dose
1 kg passierte Tomaten
1,2 l Wasser oder Gemüsebrühe
Chiliflocken
1 TL getrockneter Oregano
Salz
schwarzer Pfeffer aus der Mühle

AUSSERDEM
Pürierstab

ZUBEREITUNG

1 Zwiebeln und Knoblauch schälen und in feine Würfel schneiden. 3 Esslöffel Olivenöl in einem Topf erhitzen, Zwiebel- und Knoblauchwürfel dazugeben und bei mittlerer Hitze 3 Minuten dünsten, ohne dass sie Farbe annehmen.

2 Das Tomatenmark einrühren, 2 Minuten mitdünsten, mit dem Zucker bestreuen und weitere 5 Minuten unter ständigem Rühren garen. Mit den gehackten und passierten Tomaten ablöschen und das Wasser oder die Gemüsebrühe dazugießen. Die Soße aufkochen lassen und zugedeckt bei kleiner Hitze 2 Stunden köcheln lassen, dabei immer wieder umrühren.

3 Den Deckel jetzt nur halb auf den Topf legen – so spritzt es nicht, aber die Flüssigkeit kann trotzdem einkochen – und die Soße weitere 30 Minuten sämig einkochen lassen.

4 Die Soße mit Chiliflocken, Oregano, Salz und Pfeffer pikant abschmecken und das restliche Olivenöl einrühren. Je nach Belieben die Soße mit dem Pürierstab fein mixen oder grob lassen.

5 Die kochend heiße Soße in die vorbereiteten Gläser füllen (siehe S. 9) und einkochen.

TIPPS

Die Soße bietet die ideale Basis für eine selbst gebackene Pizza (siehe S. 40).

Für eine schnelle raffinierte Pasta: Fein gehobelte rote Zwiebeln in einer Pfanne mit Olivenöl kurz dünsten, mit klein gehackten Sardellen und Kapern verfeinern und mit Tomatensoße ablöschen. Mit Penne rigate servieren.

Ideal für Gemüse aus dem Ofen, z. B. gebratene Auberginenscheiben in einer Auflaufform abwechselnd mit Tomatensoße und Mozzarella schichten und im Ofen bei 175 °C ca. 35 Minuten backen.

PIZZATEIG

Für 4 Pizzen mit dünnem Boden à Ø 24 cm

250 g Weizenmehl (Type 405)
½ TL Zucker
½ TL Salz
10 g frische Hefe
2 EL Olivenöl
Mehl für die Arbeitsfläche

AUSSERDEM
Küchenmaschine mit Knethaken

ZUBEREITUNG

1 Weizenmehl, Zucker und Salz mischen. Die Hefe zerbröseln und in 130 ml lauwarmem Wasser auflösen.

2 Die Mehlmischung mit der angerührten Hefe und dem Olivenöl am besten mit dem Knethaken der Küchenmaschine etwa 10 Minuten zu einem glatten Teig kneten.

3 Den Teig locker in Klarsichtfolie wickeln und 45 Minuten (siehe Tipp) ruhen lassen.

4 Dann den Teig auf einer bemehlten Arbeitsfläche nochmals kneten, in vier Teile schneiden und zu dünnen runden Teigfladen ausrollen. Je nach Rezept belegen und backen.

TIPP

Den Teig nach dem Kneten in Folie wickeln und ca. 20 Minuten ruhen lassen. Dann nochmals kneten, einwickeln und für weitere 25 Minuten ruhen lassen. So wird der Teig feinporig und bäckt besonders knusprig.

NUDELTEIG

Für ca. 500 g

100 g Hartweizengrieß
200 g Weizenmehl (Type 405)
4 Eigelbe (L)
2 Eier (L)
2 EL Olivenöl
Salz
Muskatnuss, frisch gerieben
etwas Mehl für die Arbeitsfläche

AUSSERDEM

Küchenmaschine mit Knethacken
Nudelmaschine mit Aufsatz für feine oder breite Bandnudeln

ZUBEREITUNG

1 Grieß, Mehl, Eigelbe, Eier, Olivenöl, 2 Prisen Salz und etwas Muskatnuss in der Küchenmaschine zu einem glatten Teig verkneten. Ruhig etwas länger kneten. Der Teig sollte schön geschmeidig sein.

2 Den Teig in Klarsichtfolie wickeln und mindestens 2 Stunden kühlen. Wenn möglich, den Teig schon am Vortag vorbereiten. Je länger der Teig sich entspannen kann, desto besser.

3 Den Teig auswickeln, in kleine Stücke schneiden, auf der bemehlten Arbeitsfläche etwas flach drücken und mit der Nudelmaschine nacheinander zu dünnen Teigplatten ausrollen. Diese mit dem Nudelaufsatz zu feinen oder breiten Bandnudeln verarbeiten. Die Nudeln zu Nestern aufrollen und je nach Verwendung weiterverarbeiten (siehe Tipps).

TIPPS

Die frisch zubereiteten Nudeln lassen sich problemlos auf einem Tablett anfrieren. Sind sie fest, in Tüten oder verschließbare Boxen geben und einfrieren.

Zum Servieren die Nudeln in kochendes Salzwasser geben, aufkochen und ca. 2 Minuten sprudelnd bissfest darin kochen lassen. Ein Schuss Olivenöl und etwas Butter in einer Pfanne erhitzen, die Nudeln mit einer Zange oder einem Sieb aus dem Topf tropfnass in die Pfanne heben, einen kleinen Schöpfer Nudelwasser dazugeben, durchschwenken und sofort servieren.

THAI-CURRY-SOSSE
MIT MANGO UND ZITRONENGRAS

**Für 1,2 Liter/
6 Gläser à 225 ml**

150 g Zwiebeln
1 Knoblauchzehe
1 gut gehäufter EL gelbe Currypaste (aus dem Asiamarkt)
2 EL brauner Zucker
1 l Kokosmilch
2 Zitronengrasstängel
5 g frischer Ingwer
2 Kaffirlimettenblätter
1 kleine reife Mango (geschält 350 g)
Abrieb von ½ Bio-Limette
Salz
1 Msp. Cayennepfeffer

AUSSERDEM
Pürierstab

ZUBEREITUNG

1 Zwiebeln und Knoblauch schälen und in feine Würfel schneiden. Die Würfel ohne Fett im Topf bei mittlerer Hitze 2 Minuten dünsten. Currypaste und Zucker dazugeben und kurz durchrühren. Mit einem Schuss Kokosmilch ablöschen und glatt rühren.

2 Die restliche Kokosmilch und 700 ml Wasser dazugeben und das Ganze aufkochen lassen.

3 Inzwischen das Zitronengras am dickeren Ende anklopfen und in feine Scheiben schneiden. Ingwer in feine Würfel und Kaffirlimettenblätter in feine Streifen schneiden. Die Aromen in den Topf geben und die Soße etwa 30 Minuten offen bei niedriger Hitze köcheln lassen.

4 Die Mango schälen, vom Kern lösen und grob zerkleinern.

5 Die Soße mit dem Pürierstab fein mixen, durch ein feines Sieb gießen und wieder zurück in den Topf geben. Die Mango und den Limettenabrieb dazugeben, aufkochen lassen und wieder mixen. Anschließend mit Salz und Cayennepfeffer kräftig abschmecken.

6 Die kochend heiße Soße in die vorbereiteten Gläser füllen (siehe S. 9) und einkochen.

TIPPS

Mit gebratenem jungem Spinat, Schalotten und Garnelen servieren.

Als Beilage eignet sich frisch gekochter Duftreis.

TIPP

Durch die angenehme Säure der Tamarinde passen die Linsen hervorragend zu gebratenem Zander- oder Doradenfilet mit Blumenkohl und Frühlingslauch.

BELUGALINSENSOSSE
MIT TAMARINDE

**Für 2,2 Liter/
6 Gläser à 435 ml**

80 g Tamarindenpaste
(aus dem Asiamarkt)
100 g Zwiebeln
100 g Karotten
150 g Petersilienwurzeln
1 EL Olivenöl
Salz
500 g Belugalinsen
(aus dem Bio-Markt)
1 TL Tomatenmark
1 TL brauner Zucker
1,5 l Gemüsebrühe
200 ml Rote-Bete-Saft
(aus dem Bio-Markt)
1 TL Johannisbrotkernmehl
(aus dem Reformhaus)
40 g kalte Butter
schwarzer Pfeffer aus der Mühle
brauner Zucker

ZUBEREITUNG

1 Die Tamarindenpaste in 400 ml lauwarmem Wasser einweichen – dabei die Packungsanleitung beachten, die Zubereitung kann variieren. Anschließend in einem Sieb abgießen; die Flüssigkeit auffangen und die Kerne wegwerfen.

2 Die Zwiebeln schälen und in feine Würfel schneiden. Karotten und Petersilienwurzeln waschen, putzen und schälen. Dann beides in feine Würfel schneiden.

3 Das Olivenöl in einem Topf erhitzen, die Zwiebelwürfel darin 3 Minuten glasig dünsten. Karotten und Petersilienwurzeln dazugeben, leicht salzen und kurz mitdünsten. Die Belugalinsen einstreuen.

4 Das Tomatenmark einrühren, 2 Minuten miträsten, mit Zucker bestreuen, durchrühren und mit Tamarinde ablöschen. Gemüsebrühe und 100 ml Rote-Bete-Saft dazugießen, aufkochen lassen und mit angelegtem Deckel ca. 35 Minuten weich garen.

5 Das Johannisbrotkernmehl mit dem restlichen Rote-Bete-Saft verrühren, in die kochende Soße geben und weitere 5 Minuten sämig einkochen lassen. Zum Schluss die kalte Butter in die Soße rühren. Mit Salz, Pfeffer und Zucker kräftig abschmecken.

6 Die kochend heiße Soße in die vorbereiteten Gläser füllen (siehe S. 9) und einkochen.

GEBRATENER BLUMENKOHL

Für 2 Personen 160 g weißen oder lila Blumenkohl in kleine Röschen oder Scheiben schneiden. 2 EL Olivenöl in einer Pfanne erhitzen, Blumenkohl hineinlegen, leicht salzen und ca. 5 Minuten bei mittlerer Hitze goldbraun braten. 1 kleine Frühlingszwiebel waschen, putzen, in feine Ringe schneiden und am Schluss zum gebratenen Blumenkohl geben. Mit Salz, Pfeffer und frisch geriebener Muskatnuss würzen.

BOLOGNESE VOM RIND
MIT KAKAOBOHNEN

**Für 2,5 Liter/
8 Gläser à 355 ml**

300 g Zwiebeln
2 Knoblauchzehen
200 g Karotten
200 g Knollensellerie
3 EL Olivenöl
1 kg Rinderhackfleisch, frisch vom Metzger gewolft
60 g Tomatenmark
Salz
schwarzer Pfeffer aus der Mühle
200 ml kräftiger Rotwein, z. B. Cabernet Sauvignon
800 g gehackte Tomaten, aus der Dose
500 g passierte Tomaten
1,5 l Wasser, Gemüse- oder Rinderbrühe
5 g Kakaobohnen (aus dem Reformhaus)
1 EL getrockneter Oregano
1 EL getrockneter Basilikum
Chiliflocken

AUSSERDEM
Küchenmaschine oder Mörser

ZUBEREITUNG

1 Die Zwiebeln und den Knoblauch schälen und in feine Würfel schneiden. Karotten und Sellerie waschen, putzen, schälen und ebenfalls in feine Würfel schneiden.

2 Das Olivenöl in einem großen Topf erhitzen und das Hackfleisch darin bei mittlerer Hitze 10 Minuten anbraten. Gemüse, Zwiebeln und Knoblauch dazugeben, 4 Minuten weiterbraten. Das Tomatenmark einrühren, mit Salz und Pfeffer würzen und alles weitere 3 Minuten rösten. Mit dem Rotwein ablöschen und 1 Minute einkochen lassen.

3 Gehackte und passierte Tomaten sowie Wasser oder Brühe dazugießen und alles aufkochen lassen. Die Soße zugedeckt bei kleiner Hitze 2 Stunden kochen lassen.

4 Die Kakaobohnen in der Küchenmaschine oder mit dem Mörser nicht zu fein mahlen. Diese mit den getrockneten Kräutern und zur Bolognese geben. Offen weitere 45 Minuten sämig einkochen lassen.

5 Die Soße mit Salz, Pfeffer und Chili kräftig abschmecken.

6 Die kochend heiße Soße in die vorbereiteten Gläser füllen (siehe S. 9) und einkochen.

GUT ZU WISSEN
Die Kakaobohnen geben der Fleischsoße eine feinherbe Note.

TIPP

Für ein tolles Geschmackserlebnis mischen Sie 1–2 klein geriebene Kakaobohnen mit 2 EL Fleur de Sel (Meersalz) und stellen das extravagante Salz mit auf den Tisch.

SCHASCHLIKSOSSE
MIT MAULBEEREN UND RÖSTZWIEBELN

Für 1,8 Liter/ 6 Gläser à 355 ml

300 g Zwiebeln
3 Knoblauchzehen
2 EL Olivenöl
60 g Tomatenmark
800 g gehackte Tomaten, aus der Dose
500 g passierte Tomaten
100 g Tomatenketchup
½ l Wasser oder Gemüsebrühe
1 EL Honig
1 EL Sojasoße
1 EL Schaschlikgewürz
1 TL Curry
2 EL Röstzwiebeln (aus dem Bio-Markt)
100 ml Essiggurkensud aus dem Glas
30 g getrocknete Maulbeeren (aus dem Bio-Markt)
Salz
schwarzer Pfeffer aus der Mühle
Chiliflocken

AUSSERDEM

Pürierstab

ZUBEREITUNG

1 Zwiebeln und Knoblauch schälen und in feine Würfel schneiden.

2 Das Olivenöl in einem Topf erhitzen, Zwiebel- und Knoblauchwürfel darin 3 Minuten glasig dünsten. Das Tomatenmark einrühren und weitere 2 Minuten mitrösten.

3 Gehackte und passierte Tomaten, Ketchup, Wasser oder Gemüsebrühe dazugießen und aufkochen lassen. Die Soße mit angelegtem Topfdeckel bei niedriger Hitze 1 Stunde köcheln lassen.

4 Honig, Sojasoße, Schaschlikgewürz, Curry, Röstzwiebeln, Essiggurkensud und Maulbeeren zur Soße geben und offen 30 Minuten sämig einkochen lassen.

5 Die würzige Soße mit dem Pürierstab fein mixen und mit Salz, Pfeffer und Chiliflocken kräftig abschmecken.

6 Die kochend heiße Soße in die vorbereiteten Gläser füllen (siehe S. 9) und einkochen.

GUT ZU WISSEN

Die Allroundsoße passt zu Fisch, Garnelen, Schwein, Rind, Geflügel und Gemüse. Ob für Burger oder ganz pur – die Soße ist ein idealer Begleiter zum Grillen.

TIPP

Kochen Sie die Schaschliksoße zum Servieren kurz auf. Die Aromen und Gewürze kommen so besser zur Geltung. Außerdem bleibt Ihr Essen länger warm.

RATATOUILLE-SOSSE
MIT PERNOD UND OLIVEN

**Für 2,4 Liter/
6 Gläser à 435 ml**

200 g Zwiebeln
3 Knoblauchzehen
300 g rote Paprikaschoten
300 g gelbe Paprikaschoten
250 g Auberginen
300 g Zucchini
3 EL Olivenöl
60 g Tomatenmark
400 g gehackte Tomaten, aus der Dose
500 g passierte Tomaten
600 ml Wasser oder Gemüsebrühe
100 g entsteinte Kalamata-Oliven
3 Prisen getrockneter Rosmarin
1 gestrichener TL getrockneter Thymian
20 ml Pernod, nach Belieben
Salz
schwarzer Pfeffer aus der Mühle
Cayennepfeffer

ZUBEREITUNG

1. Zwiebeln und Knoblauch schälen und in feine Würfel schneiden. Gemüse waschen, putzen und in ca. 1 cm große Würfel schneiden.
2. Olivenöl in einem großen Topf erhitzen und Zwiebeln und Knoblauch darin 3 Minuten glasig dünsten. Das Gemüse nach und nach darin anbraten. Tomatenmark einrühren und weitere 2 Minuten mitrösten.
3. Das Gemüse mit gehackten und passierten Tomaten ablöschen. Wasser oder Brühe dazugießen und aufkochen lassen. Die Soße mit aufgelegtem Kochdeckel bei niedriger Hitze 1 Stunde köcheln lassen.
4. Inzwischen die Oliven fein hacken. Oliven, Rosmarin, Thymian und nach Belieben Pernod zur Soße geben. Nochmals aufkochen lassen und weitere 10 Minuten offen kochen lassen.
5. Die Gemüsesoße mit Salz, Pfeffer und Cayennepfeffer abschmecken.
6. Die kochend heiße Soße in die vorbereiteten Gläser füllen (siehe S. 9) und einkochen.

CHICKEN WINGS

Für 2 Personen 40 g Tomatenketchup, 1 TL Sojasoße, 1 EL Honig und 2 Prisen Salz in einer Schüssel glatt verrühren. 10 Stück frische, fleischige Chicken Wings (650 g) zur Soße geben und kräftig mit der Marinade mischen. Den Backofen auf 180 °C (Umluft) vorheizen. Die Chicken Wings auf ein mit Backpapier ausgelegtes Backblech nebeneinanderlegen und 40 Minuten im Backofen backen. Dann vorsichtig wenden und weitere 10 Minuten knusprig backen.

TIPPS

Die feine Gemüsesoße ist ein idealer Begleiter zu gebratenen Lammsteaks oder zu Geflügel. Außerdem schmecken die schnellen Ofenkartoffeln (siehe S. 57) ganz hervorragend dazu.

Wer auf Pernod verzichten möchte, kann die Soße stattdessen auch mit fein gehacktem Anis oder Fenchelsamen verfeinern.

GEBRATENER GRÜNER SPARGEL

Für 2 Personen 250 g grünen Spargel schälen, die holzigen Enden abschneiden und die Spargelstangen der Länge nach halbieren. 2 EL Olivenöl in einer großen Pfanne erhitzen, den Spargel einlegen und von beiden Seiten in 4–5 Minuten bei mittlerer Hitze goldbraun braten. Den Spargel leicht salzen und zum Kalbsgulasch servieren.

TIPP

Anstatt mit Reis können Sie das Kalbsgulasch auch mit Spätzle (siehe S. 57) genießen.

KALBSGULASCH
mit Prosecco und Vanillemandeln

Für 2 Liter/
6 Gläser à 355 ml

250 g Zwiebeln, geschält
100 g Karotten, geschält
150 g Knollensellerie, geschält
1,3 kg durchwachsenes Kalbfleisch, z. B. Hals oder Schulter (vom Metzger sauber geputzt)
Salz
schwarzer Pfeffer aus der Mühle
2 EL Olivenöl
1 gehäufter EL Tomatenmark
300 ml Prosecco
1 l Gemüsebrühe, Kalbs-oder Bratenfond
3 frische Salbeiblätter, gewaschen
200 g Sahne
1 Msp. Bio-Zitronenabrieb
Cayennepfeffer

ZUM SERVIEREN
Langkornreis, frisch gekocht

AUSSERDEM
Pürierstab

ZUBEREITUNG

1 Zwiebeln und Gemüse in 1 cm große Würfel schneiden. Das Fleisch in etwa 4–5 cm große Würfel schneiden. Die Fleischwürfel in einer großen Schüssel mit Salz und Pfeffer würzen und gut durchmischen.

2 Das Olivenöl in einem breiten Topf erhitzen. Die Fleischwürfel darin 4 Minuten scharf anbraten, wenden und 1–2 Minuten weiterbraten. Evtl. auftretende Flüssigkeit vollständig einkochen lassen. Die Zwiebel- und Gemüsewürfel 3 Minuten mitbraten. Das Tomatenmark einrühren und 6–8 Minuten bei mittlerer Hitze weiterrösten. Mit einem Schuss Prosecco ablöschen und vollständig einkochen lassen. Den restlichen Prosecco zugießen und 2–3 Minuten einkochen lassen.

3 Gemüsebrühe oder Fond zugießen. Alles aufkochen und abgedeckt bei schwacher Hitze etwa 1 Stunde schmoren lassen, bis das Fleisch beim Hineinstechen weich ist. Die Fleischstücke aus der Soße nehmen. Die Soße mit dem Pürierstab fein mixen.

4 Den Salbei klein zupfen und mit der Sahne und dem Zitronenabrieb in die Soße rühren. Die Soße fein mixen und in 2 Minuten sämig einkochen lassen. Die Fleischstücke wieder in die kochende Soße geben, mit Salz, Pfeffer und Cayennepfeffer kräftig abschmecken und nochmals aufkochen lassen.

5 Das Kalbsgulasch portionsgerecht kochend heiß in die Gläser füllen (siehe S. 9) und einkochen. Das Gulasch zum Servieren im Topf aufkochen lassen, 5 Minuten bei mittlerer Hitze erwärmen. Mit Langkornreis, Vanillemandeln und gebratenem Spargel servieren.

VANILLEMANDELN
Für 2 Personen 2 EL Mandelstifte und 1 kleines Stück Vanilleschote in eine kalte Pfanne legen und ca. 3 Minuten erwärmen. 1 TL Honig oder 2 Prisen Zucker zugeben, 1–2 Minuten hell karamellisieren und ½ TL Butter unterrühren.

GUT ZU WISSEN

Wer lieber Reh oder Hirsch mag, kann mit der gleichen Rezeptur arbeiten. Dann Knoblauch, Lebkuchengewürz und Pflaumen weglassen. Für die Süße eignen sich Johannisbeergelee oder Preiselbeeren.

WILDSCHWEIN-RAGOUT
MIT GETROCKNETEN PFLAUMEN

Für 2,4 Liter/
8 Gläser à 355 ml

1,2 kg Wildschweinbraten, z. B. Schulter
300 g Zwiebeln
1 Knoblauchzehe
150 g Karotten
250 g Knollensellerie
3 EL Olivenöl
Salz
schwarzer Pfeffer aus der Mühle
1 TL Wildgewürz
40 g Tomatenmark
750 ml kräftiger Rotwein, z. B. Cabernet Sauvignon
20 g Dinkel-Vollkornmehl oder Weizenmehl (Type 405)
300 ml roter Portwein
1,8 l Wasser, Gemüsebrühe oder Wildfond
2 Zweige frischer Thymian, gewaschen
100 g getrocknete Pflaumen
2 Prisen Lebkuchengewürz

AUSSERDEM
Pürierstab

ZUBEREITUNG

1 Das Fleisch in ca. 3 cm große Würfel schneiden. Die Zwiebeln und den Knoblauch schälen und in feine Würfel schneiden. Karotten und Sellerie waschen, putzen, schälen und in kleine Würfel schneiden.

2 Das Olivenöl in einem großen Topf erhitzen. Das Fleisch mit Salz und Pfeffer und ½ TL Wildgewürz würzen, gleich ins heiße Öl geben und ringsherum etwa 4 Minuten anbraten. Evtl. auftretende Flüssigkeit vollständig einkochen lassen. Die Zwiebel- und Knoblauchwürfel dazugeben, 2 Minuten rösten, Karotten- und Selleriewürfel einstreuen und weitere 2 Minuten braten.

3 Tomatenmark einrühren und weitere 3 Minuten rösten. Anschließend mit einem Schuss Rotwein ablöschen und einkochen lassen. Mit Mehl bestäuben, durchrühren, wieder einen kräftigen Schuss Rotwein dazugeben und einkochen lassen.

4 Den restlichen Rotwein, Portwein, Wasser oder alternativ Gemüsebrühe oder Wildfond dazugießen und aufkochen lassen. Die Thymianzweige hineinlegen.

5 Das Ragout zugedeckt bei niedriger Hitze 2–2 ½ Stunden kochen lassen. Je nach Fleisch ändert sich die Garzeit. Das Fleisch sollte beim Hineinstechen schön weich sein. Inzwischen die Pflaumen in kleine Stücke schneiden.

6 Die Fleischstücke aus der Soße heben und gleich gleichmäßig in die vorbereiteten, sterilisierten Gläser (siehe S. 9) verteilen.

7 Den Thymian entfernen. Die Soße mit dem Pürierstab fein mixen, die Pflaumenstücke hineingeben und mit dem restlichen Wildgewürz, Salz, Pfeffer und Lebkuchengewürz abschmecken. Die Soße wieder auf den Herd stellen und einige Minuten sämig einkochen lassen.

8 Die kochend heiße Soße gleichmäßig in die vorbereiteten Gläser füllen (siehe S. 9) und einkochen. Zum Servieren die Soße bei mittlerer Hitze etwa 5 Minuten aufkochen lassen und z. B. mit selbst gemachten breiten Nudeln (siehe S. 41) oder Semmelknödeln (siehe S. 56) genießen.

SEMMELKNÖDEL

Für 8 Knödel

- 150 ml Milch
- 300 g fertig geschnittenes Knödelbrot (vom Bäcker)
- 1 große Zwiebel
- 4–6 Zweige frische glatte Petersilie
- 2 EL Butter
- 4 Eier (M)
- Salz
- schwarzer Pfeffer aus der Mühle
- Muskatnuss, frisch gerieben
- ½ Bund frischer Schnittlauch

ZUBEREITUNG

1 Die Milch lauwarm erhitzen. Das Knödelbrot in eine Schüssel geben, die Milch über das Knödelbrot gießen und 5 Minuten quellen lassen.

2 Die Zwiebel schälen und in feine Würfel schneiden. Die Petersilie waschen, trocken schütteln, abzupfen und grob hacken. Die Butter in einer Pfanne aufschäumen lassen, die Zwiebeln darin 3 Minuten glasig dünsten. Petersilie dazugeben, kurz durchrühren und abkühlen lassen.

3 Die Eier in einer Schüssel aufschlagen und mit einer Gabel verquirlen. Zwiebeln und Eier zum Knödelbrot geben, mit Salz, Pfeffer und Muskatnuss würzen, kräftig durchmischen und weitere 10 Minuten quellen lassen. Die Masse in acht gleich große Portionen teilen und mit feuchten Händen zu Knödeln formen.

4 Einen Topf mit reichlich Wasser füllen, zum Kochen bringen und gut salzen. Die Knödel ins kochende Wasser geben, aufkochen lassen und 5 Minuten siedend kochen. Den Deckel leicht auflegen und bei niedriger Hitze etwa 20 Minuten ziehen lassen. Wer sich mit der Masse zu unsicher ist, sollte einen Probeknödel zubereiten. Je nach Konsistenz die Masse mit Milch oder Knödelbrot verändern (siehe Tipp).

5 Den Schnittlauch waschen, trocken schütteln und in feine Röllchen schneiden. Die Knödel mit einer Schaumkelle aus dem Wasser heben, mit Schnittlauch anrichten und sofort servieren.

TIPP

Je nach Knödelbrot muss man mit der Milch jonglieren. Ist es sehr trocken, braucht man evtl. noch 50 ml mehr. Ist die Masse zu feucht, rühren Sie einfach 1–2 EL Knödelbrot ein.

EIERSPÄTZLE

Für 4 Personen

300 g Spätzlemehl (doppelgriffiges Mehl) oder Weizenmehl (Type 405)
5 Eier (M)
4 Eigelbe (M)
Salz
Muskatnuss, frisch gerieben
3 EL Butter
schwarzer Pfeffer aus der Mühle

AUSSERDEM
Küchenmaschine
Spätzlehobel oder -presse

ZUBEREITUNG

1 Mehl, Eier, Eigelbe und 2 EL kaltes Wasser in die Schüssel der Küchenmaschine geben. Mit Salz und Muskatnuss würzen und mit dem Knethaken der Maschine etwa 10 Minuten zu einem glatten, zähflüssigen Teig schlagen.

2 Einen breiten Topf mit reichlich Wasser füllen, gut salzen und aufkochen lassen. Etwas Teig in den Spätzlehobel oder die Presse geben. Den Teig in das kochende Wasser hobeln oder pressen. Die Spätzle mit einer Fleischgabel durcheinanderwirbeln, aufkochen und kurz ziehen lassen. Anschließend mit einer Schaumkelle aus dem Wasser heben, in ein Sieb geben, eiskalt abschrecken und gut abtropfen lassen. Den restlichen Teig ebenfalls verarbeiten.

3 Die Butter in einer großen Pfanne aufschäumen lassen, die Spätzle hineingeben und 2–3 Minuten darin erwärmen. Mit Salz, Pfeffer und Muskatnuss würzen.

SCHNELLE OFENKARTOFFELN

Für 4 Personen

1 kg mittelgroße Kartoffeln, festkochend
2 Prisen grobes Meersalz
4 Zweige frischer Thymian
schwarzer Pfeffer aus der Mühle
3 Knoblauchzehen, in der Schale angedrückt
5 EL Olivenöl

ZUBEREITUNG

1 Den Backofen auf 180 °C (Umluft) vorheizen.

2 Die Kartoffeln waschen, schälen, der Länge nach halbieren oder vierteln und auf ein mit Backpapier ausgelegtes Backblech geben.

3 Mit Meersalz, Thymian und Pfeffer würzen, Knoblauch dazugeben, mit Olivenöl beträufeln und kräftig durchmischen.

4 Das Blech in den Ofen (Mitte) schieben und die Kartoffeln etwa 40 Minuten goldbraun backen. Die Ofenkartoffeln z. B. mit Ratatouille-Soße (siehe S. 51) genießen.

TIPPS

Thymian und Salbei mit dem Küchengarn zusammenbinden, dann kann man die Kräuter nach dem Kochen problemlos entfernen.

Ideal zu selbst gemachten Gemüsenudeln, z. B. aus gelben und grünen Zucchini (Spiralschneider gibt's im Haushaltswarengeschäft).

FÜNF-KORN-SOSSE
MIT SALBEI UND PARMESAN

**Für 3 Liter/
8 Gläser à 435 ml**

500 g Fünf-Korn-Mischung,
z. B. aus Weizen, Dinkel, Roggen, Gerste, Buchweizen (aus dem Bio-Markt)
200 g Zwiebeln
2 Knoblauchzehen
200 g Karotten
200 g Knollensellerie
5 EL Olivenöl
Salz
40 g Tomatenmark
2 TL brauner Zucker
250 ml kräftiger Rotwein,
z. B. Cabernet Sauvignon
800 g gehackte Tomaten,
aus der Dose
500 g passierte Tomaten
850 ml Wasser oder Gemüsebrühe
3 Zweige Thymian, gewaschen
1 Zweig Salbei, gewaschen
2 Prisen getrockneten Oregano
30 g Parmesan, frisch gerieben
schwarzer Pfeffer aus der Mühle
Chiliflocken

ZUM ANRICHTEN

Parmesan, frisch gehobelt

ZUBEREITUNG

1 Die Körnermischung am besten über Nacht in reichlich lauwarmem Wasser einweichen und abdecken. Dabei das Wasser mehrmals wechseln. In einem Sieb abgießen und gut abtropfen lassen.

2 Die Zwiebeln und den Knoblauch schälen und in feine Würfel schneiden. Karotten und Knollensellerie waschen, putzen und schälen. Beides in feine Würfel schneiden.

3 3 EL Olivenöl in einem großen Topf erhitzen und Zwiebeln und Knoblauch darin 3 Minuten dünsten. Das eingeweichte Getreide dazugeben, 3 Minuten darin anbraten und leicht salzen. Das Tomatenmark einrühren und weitere 3 Minuten rösten. Mit dem Zucker bestreuen, kurz durchrühren und mit einem Schuss Rotwein ablöschen. Die Körner-Gemüse-Mischung 1 Minute einkochen lassen. Den restlichen Rotwein sowie die gehackten und passierten Tomaten dazugeben. Wasser oder Gemüsebrühe ebenfalls dazugießen und aufkochen lassen. Das Kräuterbund (siehe Tipps) zur Soße geben und zugedeckt alles bei niedriger Hitze 1 Stunde kochen lassen.

4 Etwa 10 Minuten vor Garzeitende Oregano und den geriebenen Parmesan einrühren und mit Salz, Pfeffer und 1 Prise Chiliflocken kräftig abschmecken. Die Soße anschließend offen sämig einkochen lassen.

5 Das Kräuterbund entfernen und das restliche Olivenöl einrühren.

6 Die kochend heiße Soße in die vorbereiteten Gläser füllen (siehe S. 9) und einkochen. Zum Servieren die Soße bei mittlerer Hitze ca. 5 Minuten aufkochen lassen und z. B. mit Gemüsenudeln (siehe Tipps) und frisch gehobelten Parmesanspänen servieren.

GUT ZU WISSEN

Der geriebene Parmesan bindet die Soße und gibt einen herrlich würzigen Geschmack.

REGISTER

ÜBER DIE AUTORIN

Monika Schuster ist Garant für höchste Qualität, Style und Geschmack in puncto Essen. Die mit dem bayerischen Staatspreis ausgezeichnete und weitgereiste Küchenmeisterin, Foodstylistin und Autorin steht seit über 30 Jahren am Herd. Den Hang zur Perfektion hat sie sicherlich während der langjährigen Zusammenarbeit mit Jahrhundertkoch Eckart Witzigmann verinnerlicht. Sie lebt ihre Kreativität und Neugierde in vollen Zügen und hat ihr Wissen bereits in vielen Kochbüchern veröffentlicht.

DIE EINMACHEREI

Den Alltag der Menschen zu erleichtern, mit feinem Essen – ohne Geschmacksverstärker und Konservierungsstoffe – das war von Anfang an das Bestreben der beiden Küchenmeisterinnen Monika Schuster und Anka Köhler, als ihnen 2013 die Idee der Einmacherei in den Sinn kam: „Wir packen einfach unser Handwerk und unsere Ideen ins Glas und kochen sie ein." So wie früher, nur mit Gerichten der Moderne. Bei dem Konzept der Einmacherei geht es nicht um lange Vorratshaltung, weil es im Winter keine frischen Kirschen gibt, vielmehr geht es darum, immer gutes Essen auf den Tisch zu zaubern. Ob mittags, abends, im Büro, nach dem Sport, für Alleinstehende, Familien, Paare, bei Krankheit, auf Reisen, mit Freunden – ganz egal – die Einmacherei vereint gesundes Essen mit purem Genuss. Also für ALLE, die gerne gut essen und wenig Zeit oder auch mal keine Lust zum Kochen haben.

DIE EINMACHEREI

Lesen Sie mehr unter: **www.die-einmacherei.de**

Oder schauen Sie Freitag und Samstag von 9–18 Uhr im Ladengeschäft in der Birkerstraße 7 in Neuhausen in München vorbei.

NUR IM TEAM FUNKTIONIERT'S!

Danke sage ich sehr gerne, denn nur im Team kann so ein Projekt wachsen. Wo anfangs ein leeres Blatt vor mir lag, wuchs in vielen kreativen Gesprächen ein herrliches Buch heran. Mein Dank richtet sich vor allem an meine Geschäftspartnerin Anka Köhler. Gemeinsam stehen wir in der Küche, kreieren, probieren und testen die Gerichte. Erst wenn wir beide zufrieden sind, kommt das Rezept ins Buch.

Ein Foto muss „schmecken", und das kann es nur, wenn Fotografie, Ausstattung, Requisite und Styling stimmen. Die Stylistin Deborah De Luca kreierte mit ihrem feinen Gespür für Trends, Farben, Geschirr und Materialien den besonderen Style des Buchs.

Was wären all die schönen Dinge vor der Kamera, wenn der Mann hinter der Kamera sein Handwerk nicht verstehen würde.
Klaus-Maria Einwanger kitzelt mit seiner Kamera, seinem erfahrenen Blick und seiner sensiblen Art, mit Licht umzugehen, das BESTE aus jedem Food heraus. Vielen Dank auch an Christian Kempf, der mit seiner Bildbearbeitung unser Buch zum STRAHLEN gebracht hat.

IMPRESSUM

Bibliografische Information der Deutschen Bibliothek:

Die Deutsche Bibliothek verzeichnet diese Publikation in der deutschen Nationalbibliografie.

Detaillierte bibliografische Daten sind im Internet über http://www.d-nb.de/ abrufbar.

EIN BUCH DER EDITION MICHAEL FISCHER

1. Auflage 2017

Covergestaltung, Layout und Satz: Melisa Gündogdu

Fotos: Klaus-Maria Einwanger, KME Studios, Rosenheim

Texte, Rezeptentwicklung und Foodstyling: Monika Schuster, München

Produktmanagement und Redaktion: Annika Christof

Rezeptentwicklung und Vorküche: Anka Köhler, München

Styling und Requisite: Deborah De Luca, Rosenheim

ISBN 978-3-86355-650-1

Printed in Slovakia

www.emf-verlag.de